AF222080

Impressum
Verlag: BABADADA GmbH, Nedderfeld 112 , 22529 Hamburg
Geschäftsführer / Verlagsleitung: Harald Hof
Druck: Books on Demand GmbH, In de Tarpen 42, 22848 Norderstedt

Imprint
Publisher: BABADADA GmbH, Nedderfeld 112 , 22529 Hamburg, Germany
Managing Director / Publishing direction: Harald Hof
Print: Books on Demand GmbH, In de Tarpen 42, 22848 Norderstedt

iskola
école

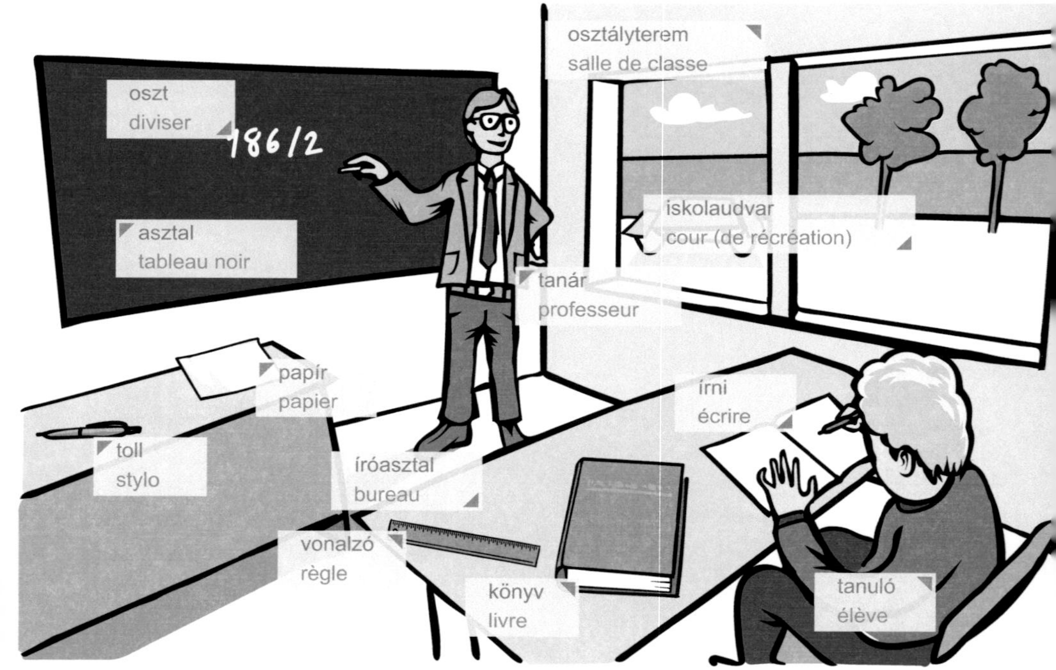
osztályterem
salle de classe
oszt
diviser
186/2
asztal
tableau noir
iskolaudvar
cour (de récréation)
tanár
professeur
papír
papier
írni
écrire
toll
stylo
íróasztal
bureau
vonalzó
règle
könyv
livre
tanuló
élève

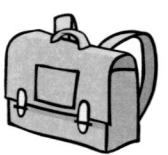

iskolatáska

cartable

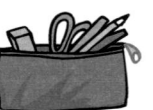

tolltartó

trousse

ceruza

crayon

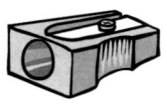

ceruzahegyező

taille-crayon

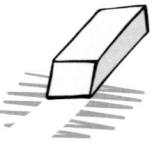

radír

gomme

rajzfüzet

carnet à dessin

rajz

dessin

ecset

pinceau

festőkészlet

boîte de peinture

olló

ciseaux

ragasztó

colle

munkafüzet

cahier d'exercices

házi feladat

devoirs

szám

chiffre

összead

additionner

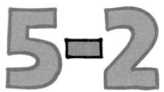

kivon

soustraire

szoroz

multiplier

számol

calculer

betű

lettre

ABC

alphabet

szó

mot

szöveg

texte

olvasni

lire

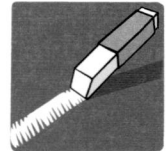

kréta

craie

tanóra

leçon

napló

livre de classe

vizsga

examen

bizonyítvány

certificat

iskolai egyenruha

uniforme scolaire

oktatás

formation

enciklopédia

lexique

egyetem

université

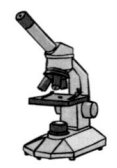

mikroszkóp

microscope

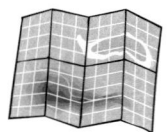

térkép

carte

papír-hulladék gyűjtő

corbeille à papier

iskola - école

utazás
voyage

hotel
hôtel
Grand
szállás
auberge
ROOMS
valutaváltó iroda
bureau de change
EXCHANGE
bőrönd
valise
autó
voiture

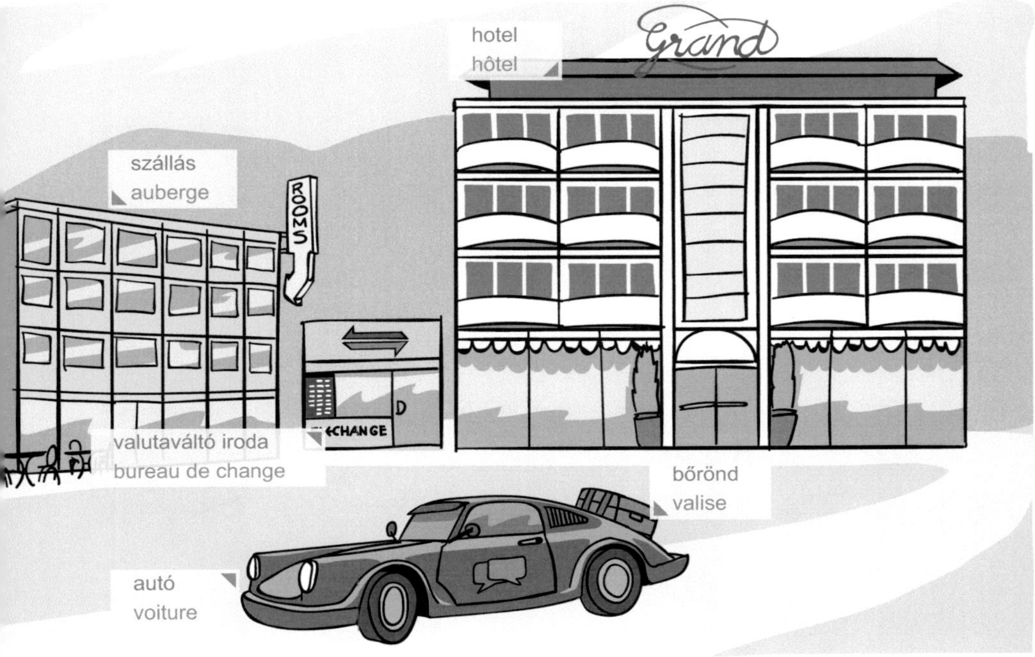

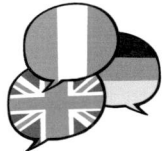

nyelv

langue

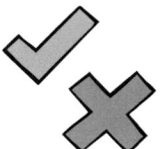

igen/nem

oui / non

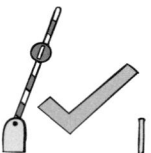

rendben

d'accord

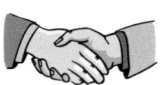

szia

Salut

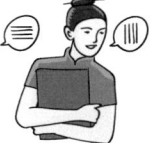

fordító

interprète

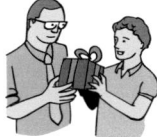

köszönöm

merci

mennyibe kerül…?

Combien coûte...?

nem értem

Je ne comprends pas

probléma

problème

Jó estét!

Bonsoir !

jó reggelt!

Bonjour !

jó éjszakát!

Bonne nuit !

viszontlátásra

Au revoir

útirány

direction

poggyász

bagages

táska

sac

hátizsák

sac-à-dos

vendég

hôte

szoba

pièce

hálózsák

sac de couchage

sátor

tente

turista információ

office de tourisme

strand

plage

hitelkártya

carte de crédit

reggeli

petit-déjeuner

ebéd

déjeuner

vacsora

dîner

jegy

billet

lift

ascenseur

bélyeg

timbre

határ

frontière

vám

douane

nagykövetség

ambassade

vízum

visa

útlevél

passeport

utazás - voyage

közlekedés
transport

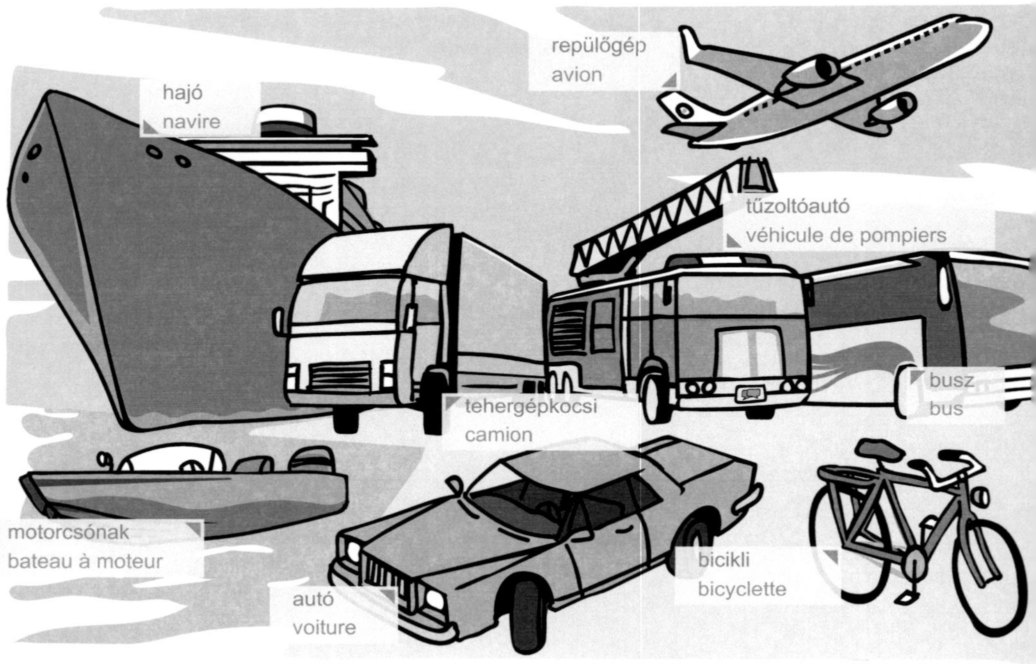
repülőgép
avion
hajó
navire
tűzoltóautó
véhicule de pompiers
busz
bus
tehergépkocsi
camion
motorcsónak
bateau à moteur
bicikli
bicyclette
autó
voiture

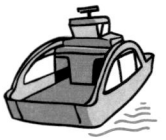

komp

ferry

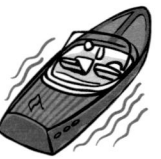

csónak

barque

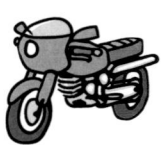

motorkerékpár

moto

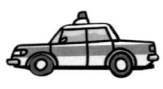

rendőrautó

voiture de police

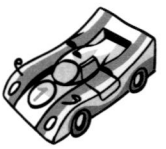

versenyautó

voiture de course

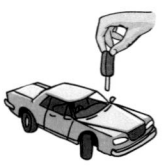

bérautó

voiture de location

telekocsi
auto-partage

vontató
voiture de remorquage

szemetes autó
benne à ordures

motor
moteur

üzemanyag
essence

benzinkút
station d'essence

közlekedési tábla
panneau indicateur

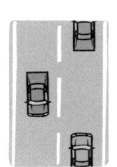

forgalom
trafic

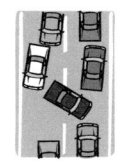

forgalmi dugó
embouteillage

parkoló
parking

vonatállomás
gare

sínek
rails

vonat
train

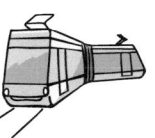

villamos
tramway

vagon
wagon

helikopter
hélicoptère

repülőtér
aéroport

torony
tour

utas
passager

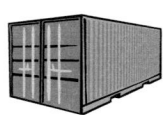

konténer
conteneur

kartondoboz
carton

taliga
chariot

kosár
corbeille

felszáll / leszáll
décoller / atterrir

város
ville

falu
village

városközpont
centre-ville

ház
maison

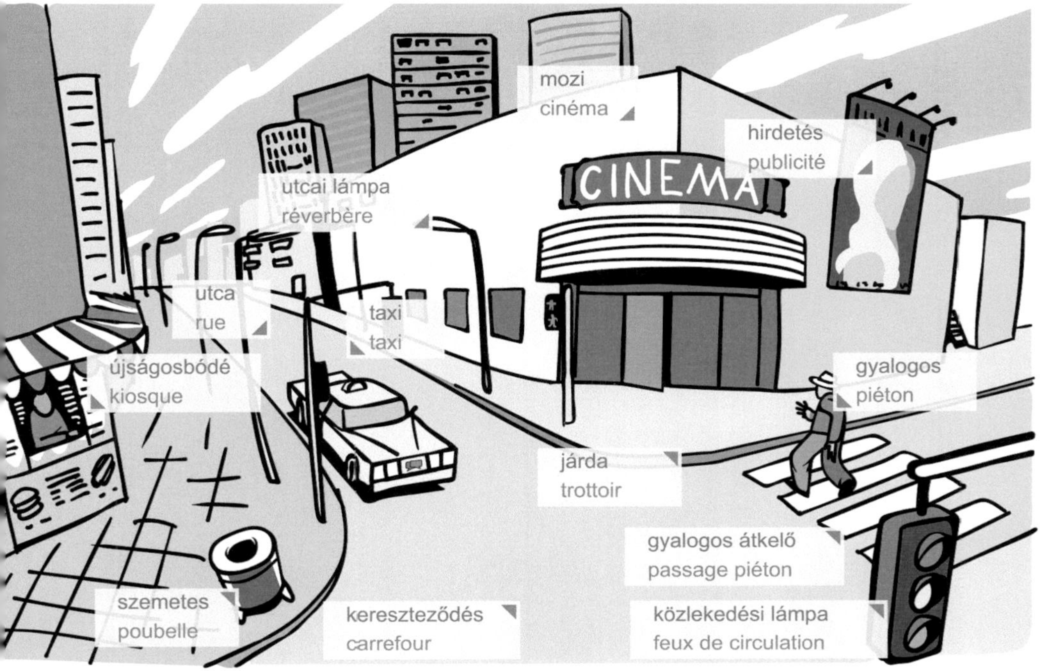

mozi
cinéma

hirdetés
publicité

utcai lámpa
réverbère

CINEMA

utca
rue

taxi
taxi

újságosbódé
kiosque

gyalogos
piéton

járda
trottoir

szemetes
poubelle

kereszteződés
carrefour

gyalogos átkelő
passage piéton

közlekedési lámpa
feux de circulation

kunyhó

cabane

lakás

appartement

vonatállomás

gare

városháza

mairie

múzeum

musée

iskola

école

egyetem
université

bank
banque

kórház
hôpital

hotel
hôtel

gyógyszertár
pharmacie

iroda
bureau

könyvesbolt
librairie

üzlet
magasin

virágüzlet
fleuriste

szupermarket
supermarché

piac
marché

áruház
grand magasin

halárus
poissonnerie

bevásárló központ
centre commercial

kikötő
port

park
parc

pad
banque

híd
pont

lépcső
escaliers

metró
métro

alagút
tunnel

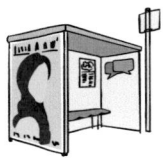

buszmegálló
arrêt de bus

bár
bar

étterem
restaurant

postaláda
boîte à lettres

utcatábla
panneau indicateur

parkoló óra
parcmètre

állatkert
zoo

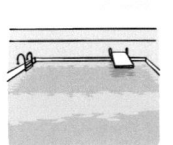

uszoda
piscine

mecset
mosquée

gazdálkodás

ferme

környezetszennyezés

pollution

temető

cimetière

templom

église

játszótér

aire de jeux

szentély

temple

táj
paysage

levél
feuille

útjelző tábla
panneau indicateur

út
chemin

rét
pré

kő
pierre

fa
arbre

túrázó
randonneur

folyó
rivière

fű
herbe

virág
fleur

táj - paysage

völgy
vallée

domb
montagne

tó
lac

erdő
forêt

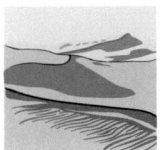

sivatag
désert

vulkán
volcan

kastély
château

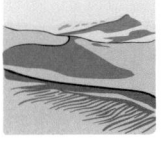

szivárvány
arc-en-ciel

gomba
champignon

pálmafa
palmier

szúnyog
moustique

légy
mouche

hangya
fourmis

méhecske
abeille

pók
araignée

táj - paysage

bogár

coléoptère

béka

grenouille

mókus

écureuil

sündisznó

hérisson

nyúl

lièvre

bagoly

chouette

madár

oiseau

hattyú

cygne

vaddisznó

sanglier

szarvas

cerf

rénszarvas

élan

gát

barrage

szélturbina

éolienne

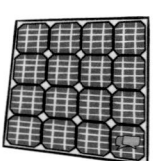

napelem

panneau solaire

éghajlat

climat

táj - paysage

étterem
restaurant

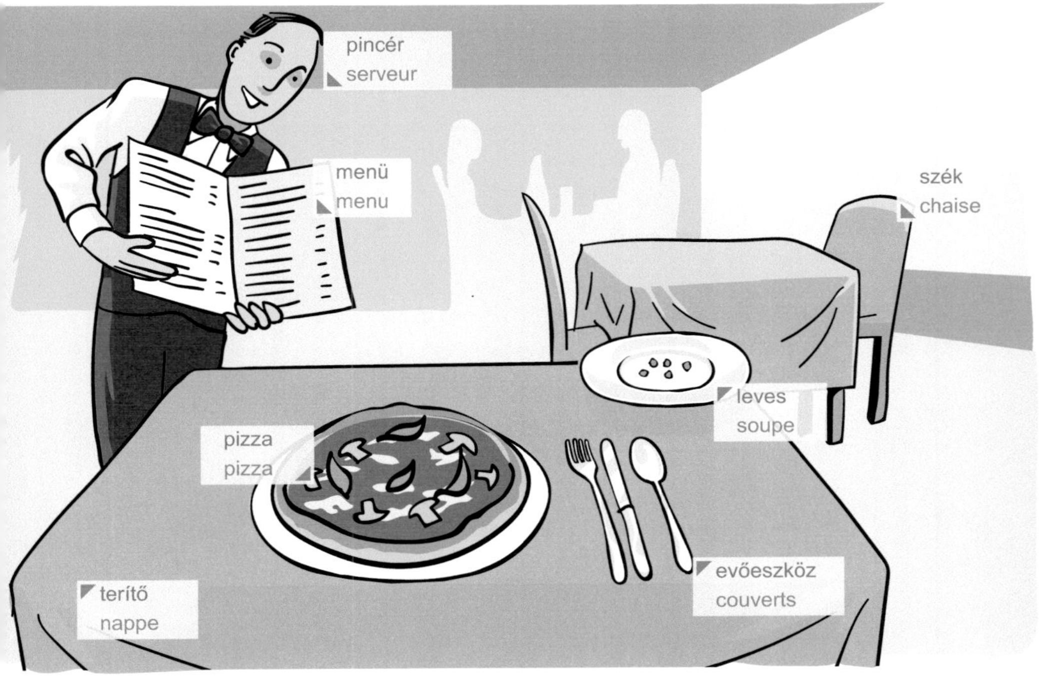
pincér
serveur
menü
menu
szék
chaise
leves
soupe
pizza
pizza
evőeszköz
couverts
terítő
nappe

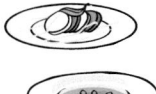

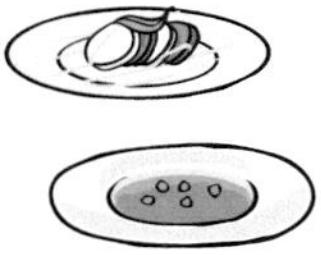

előétel

hors d'œuvre

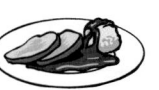

főétel

plat principal

desszert

dessert

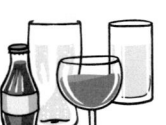

italok

boissons

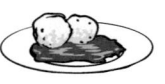

étel

alimentation

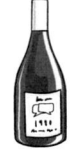

üveg

bouteille

gyorsétel

fast-food

gyorsétel

plats à emporter

teás kanna

théière

cukortartó

sucrier

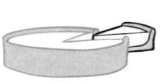

adag

portion

eszpresszógép

machine à expresso

bárszék

chaise haute

számla

facture

tálca

plateau

kés

couteau

villa

fourchette

kanál

cuillère

teáskanál

cuillère à thé

szalvéta

serviette

pohár

verre

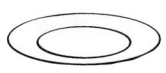

tányér

assiette

leveses tányér

assiette à soupe

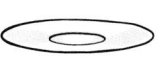

csészealj

soucoupe

szósz

sauce

sószóró

salière

borsőrlő

moulin à poivre

ecet

vinaigre

étkezési olaj

huile

fűszerek

épices

ketchup

ketchup

mustár

moutarde

majonéz

mayonnaise

szupermarket
supermarché

különleges ajánlat
offre promotionnelle
ügyfél
client
tejtermék
produits laitiers
gyümölcsök
fruits
bevásárló kocsi
chariot
FOR

BUTCHERS

hentes

boucherie

BAKERY

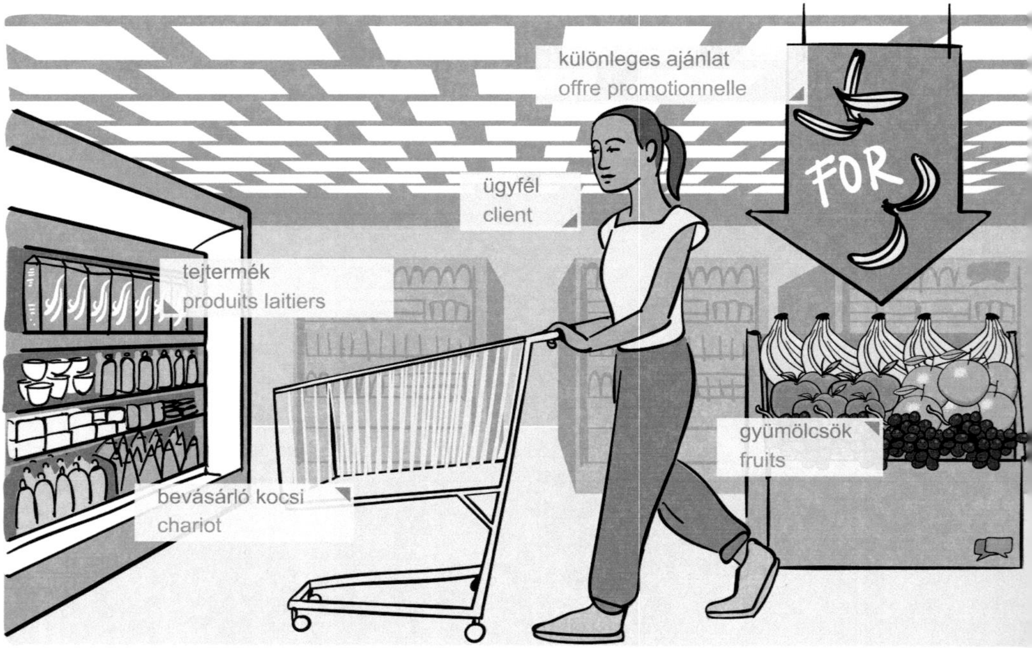

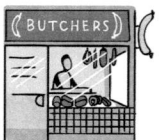

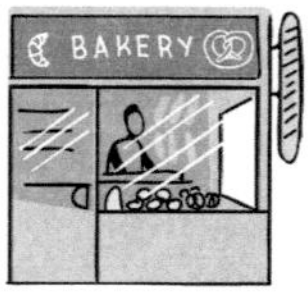

pékség

boulangerie

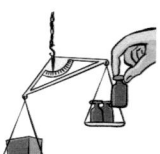

nyom valamennyit

peser

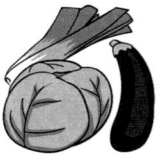

zöldség

légumes

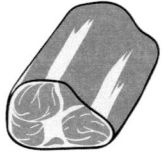

hús

viande

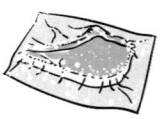

fagyasztott áru

aliments surgelés

felvágott
charcuterie

konzerv
conserves

mosópor
poudre à lessive

édességek
bonbons

háztartási termék
articles ménagers

tisztítószerek
détergents

eladó
vendeuse

pénztárgép
caisse

eladó
caissier

bevásárló lista
liste d'achats

nyitva tartás
heures d'ouverture

levéltárca
portefeuille

hitelkártya
carte de crédit

zacskó
sac

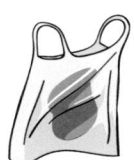

műanyag zacskó
sac en plastique

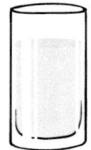

víz
eau

gyümölcslé
jus de fruit

tej
lait

kóla
coca

bor
vin

sör
bière

alkohol
alcool

kakaó
chocolat chaud

tea
thé

kávé
café

eszpresszó
expresso

kapucsínó
cappuccino

banán

banane

alma

pomme

narancs

orange

sárgadinnye

melon

citrom

citron

sárgarépa

carotte

fokhagyma

ail

bambusz

bambou

hagyma

oignon

gomba

champignon

magvak

noisettes

nokedli

pâtes

spagetti

spaghetti

rizs

riz

saláta

salade

sült krumpli

pommes frites

sült burgonya

pommes de terre rôties

pizza

pizza

hamburger

hamburger

szendvics

sandwich

hússzelet

escalope

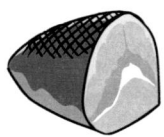

sonka

jambon

szalámi

salami

kolbász

saucisse

csirke

poulet

pecsenye

rôti

hal

poisson

zabkása

flocons d'avoine

müzli

muesli

kukoricapehely

cornflakes

liszt

farine

croissant

croissant

zsemle

petits-pains

kenyér

pain

pirítós kenyér

pain grillé

keksz

biscuits

vaj

beurre

túró

le fromage blanc

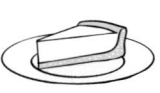

sütemény

gâteau

tojás

œuf

tükörtojás

œuf au plat

sajt

fromage

jégkrém

glace

cukor

sucre

méz

miel

lekvár

confiture

mogyorókrém

crème nougat

curry

curry

étel - alimentation

parasztház
ferme

szalmakazal
botte de paille

pajta
grange

mező
champ

ló
cheval

vontató
remorque

csikó
poulain

traktor
tracteur

szamár
âne

bárány
agneau

juh
mouton

kecske

chèvre

tehén

vache

borjú

veau

malac

porc

kismalac

porcelet

bika

taureau

liba

oie

kacsa

canard

csibe

poussin

tojó

poule

kakas

coq

patkány

rat

macska

chat

egér

souris

ökör

bœuf

kutya

chien

kutyaház

chenil

kerti öntözőcső

tuyau de jardin

öntözőkanna

arrosoir

kasza

faucheuse

eke

charrue

sarló

faucille

kapa

pioche

vasvilla

fourche

fejsze

hache

talicska

brouette

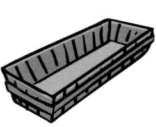

teknő

cuve

tejes kancsó

pot à lait

zsák

sac

kerítés

clôture

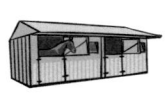

istálló

étable

üvegház

serre

talaj

sol

vetőmag

semences

trágya

engrais

cséplőgép

moissonneuse-batteuse

szüretelni

récolter

betakarítás

récolte

yamgyökér

igname

búza

blé

szója

soja

burgonya

pomme de terre

kukorica

maïs

repcemag

colza

gyümölcsfa

arbre fruitier

manióka

manioc

gabona

céréales

gazdálkodás - ferme

ház
maison

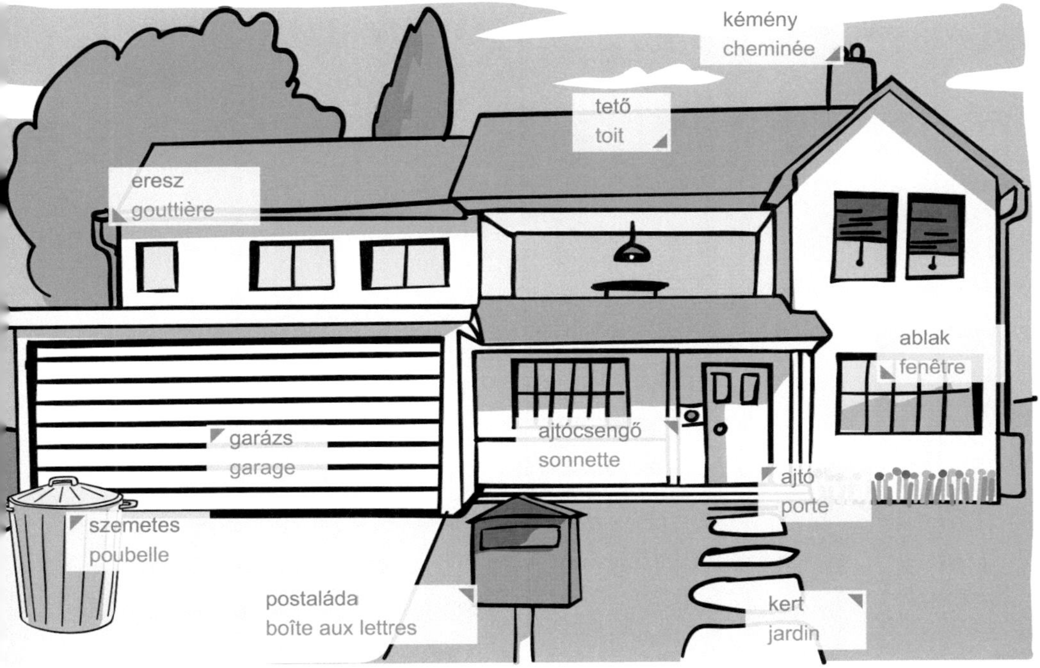

kémény
cheminée
tető
toit
eresz
gouttière
ablak
fenêtre
garázs
garage
ajtócsengő
sonnette
ajtó
porte
szemetes
poubelle
postaláda
boîte aux lettres
kert
jardin

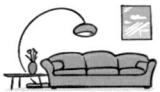

nappali

salon

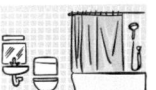

fürdőszoba

salle de bain

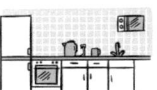

konyha

cuisine

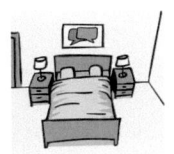

hálószoba

chambre à coucher

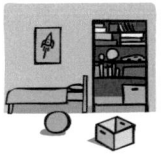

gyerekszoba

chambre d'enfant

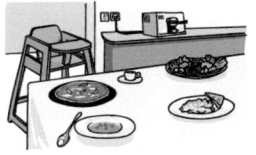

ebédlő

salle à manger

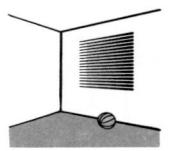

padló
sol

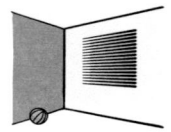

fal
mur

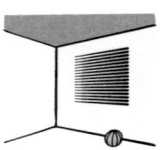

plafon
plafond

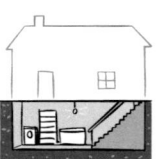

pince
cave

szauna
sauna

erkély
balcon

terasz
terrasse

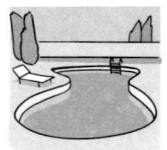

medence
piscine

fűnyíró
tondeuse à gazon

lepedő
housse

ágytakaró
couette

ágy
lit

seprű
balai

vödör
sceau

kapcsoló
interrupteur

nappali
salon

tapéta
papier peint
kép
image
lámpa
lampe
polc
étagère
szekrény
armoire
televízió
télé
kandalló
cheminée
virág
fleur
párna
coussin
kanapé
sofa
váza
vase
távirányító
télécommande

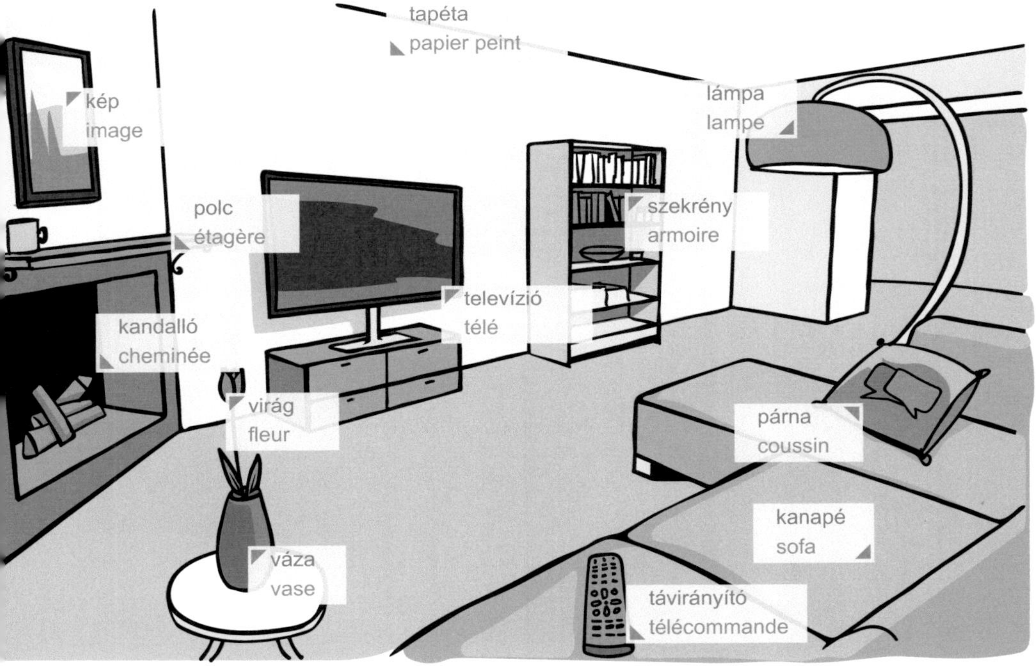

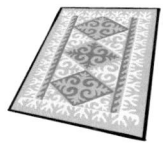

szőnyeg

tapis

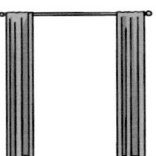

függöny

rideau

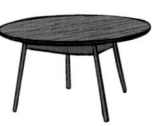

asztal

table

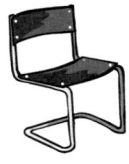

szék

chaise

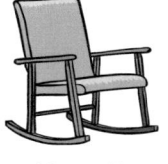

hintaszék

chaise à bascule

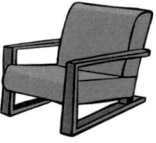

karosszék

fauteuil

könyv

livre

takaró

couverture

dekoráció

décoration

tűzifa

bois de chauffage

film

film

hifi

chaîne hi-fi

kulcs

clé

újság

journal

festmény

peinture

poszter

poster

rádió

radio

jegyzetfüzet

bloc-notes

porszívó

aspirateur

kaktusz

cactus

gyertya

bougie

konyha
cuisine

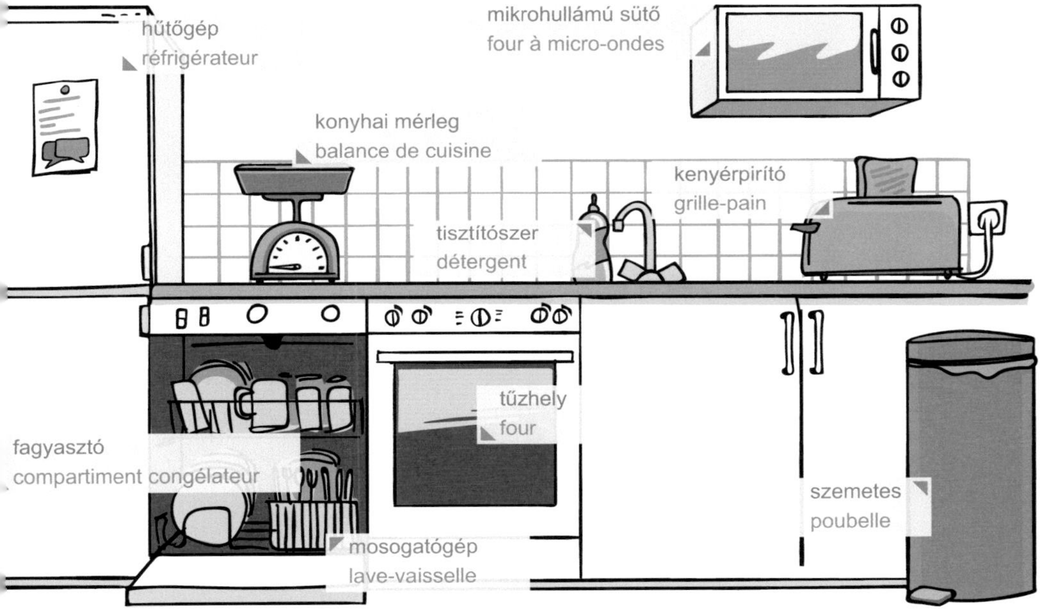
hűtőgép
réfrigérateur
mikrohullámú sütő
four à micro-ondes
konyhai mérleg
balance de cuisine
kenyérpirító
grille-pain
tisztítószer
détergent
tűzhely
four
fagyasztó
compartiment congélateur
szemetes
poubelle
mosogatógép
lave-vaisselle

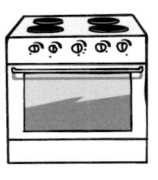

tűzhely
four

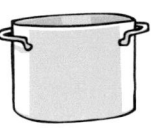

edény
casserole

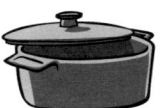

vasfazék
marmite

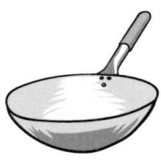

wok / kadai
wok / kadai

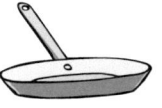

serpenyő
poêle

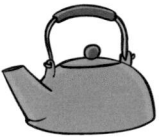

vízforraló
bouilloire electrique

pároló

cuiseur vapeur

tepsi

plaque de cuisson

étkészlet

vaisselle

bögre

gobelet

tálka

coupe

evőpálcika

baguettes

merőkanál

louche

keverőlapátka

spatule

habverő

fouet

szűrő

passoire

szita

tamis

reszelő

râpe

mozsár

mortier

grillsütő

barbecue

kandalló

cheminée

vágódeszka

planche à découper

sodrófa

rouleau à pâtisserie

dugóhúzó

tire-bouchon

doboz

boîte

konzervnyitó

ouvre-boîte

edényfogó

maniques

mosogató

lavabo

kefe

brosse

szivacs

éponge

turmixgép

mixeur

mélyhűtő

congélateur

cumisüveg

biberon

csap

robinet

fürdőszoba

salle de bain

fűtés
chauffage
törölköző
serviette
zuhany
douche
zuhanyfüggöny
rideau de douche
habfürdő
bain moussant
kád
baignoire
pohár
verre
mosógép
machine à laver
csap
robinet
csempe
carrelage
bili
pot
mosogató
lavabo

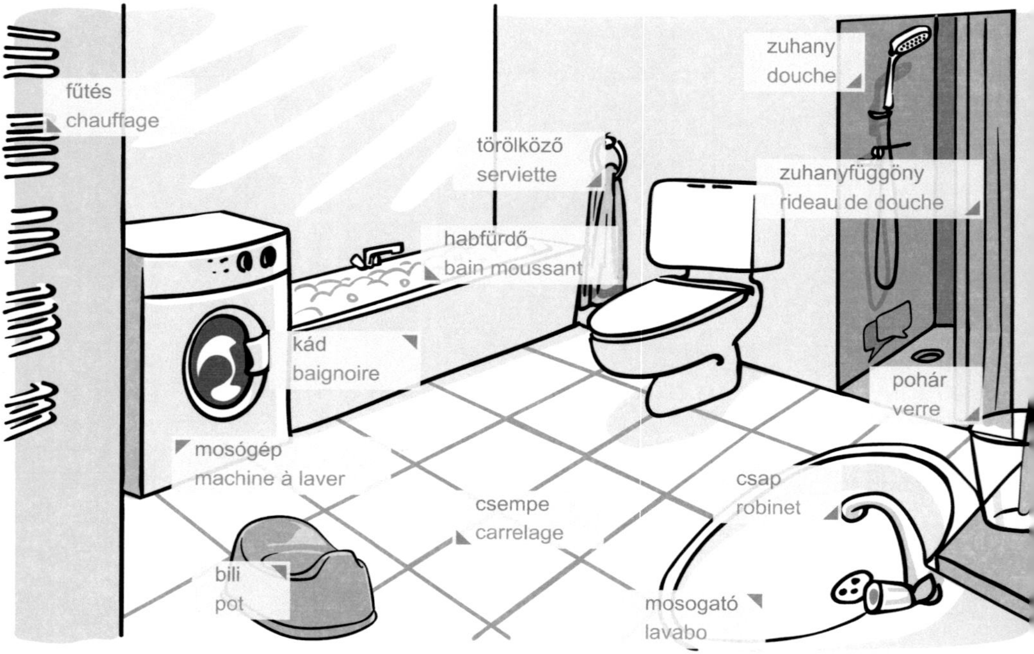

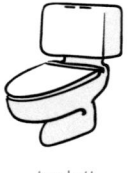

toalett

toilettes

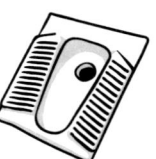

guggolós toalett

toilette à la turque

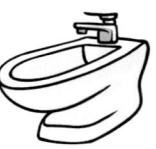

bidé

bidet

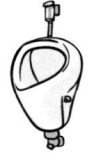

piszoár

urinoir

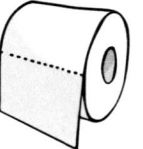

toalett papír

papier toilette

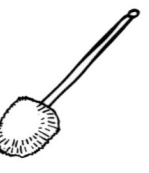

wc kefe

brosse à toilette

fogkefe

brosse à dents

fogkrém

dentifrice

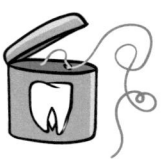

fogselyem

fil dentaire

mosni

laver

kézi zuhany

douche manuelle

intimzuhany

douche intime

mosdótál

vasque

hátmosó kefe

brosse dorsale

szappan

savon

tusfürdő

gel douche

sampon

shampooing

mosdókesztyű

gant de toilette

lefolyó

écoulement

krém

crème

dezodor

déodorant

tükör

miroir

kézitükör

miroir cosmétique

borotva

rasoir

borotvahab

mousse à raser

borotválkozás utáni
arcszesz

après-rasage

fésű

peigne

hajkefe

brosse

hajszárító

sèche-cheveux

hajlakk

laque pour cheveux

smink

fond de teint

ajakrúzs

rouge à lèvres

körömlakk

vernis à ongles

vatta

ouate

körömvágó olló

coupe-ongles

parfüm

parfum

neszesszer

trousse de toilette

sámli

tabouret

mérleg

pèse-personne

köntös

peignoir

gumikesztyű

gants de nettoyage

tampon

tampon

egészségügyi betét

serviettes hygiéniques

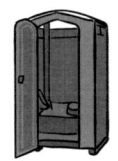

vegyi WC

toilette chimique

gyerekszoba
chambre d'enfant

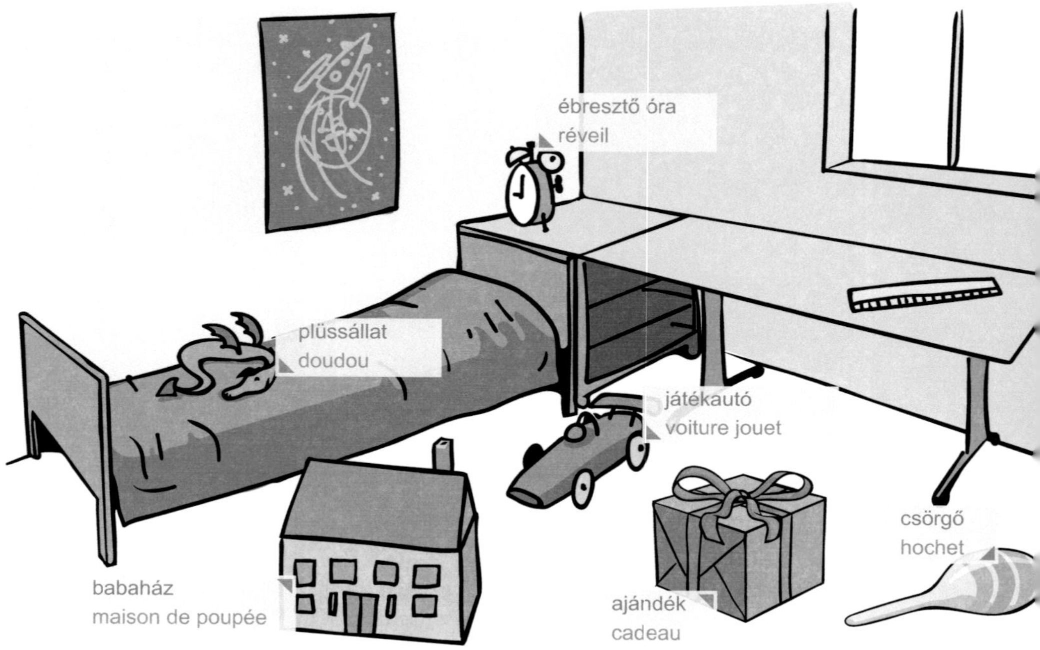

ébresztő óra
réveil
plüssállat
doudou
játékautó
voiture jouet
csörgő
hochet
babaház
maison de poupée
ajándék
cadeau

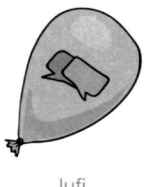

lufi

ballon

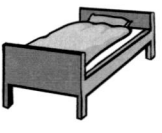

ágy

lit

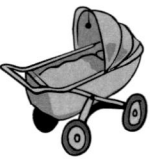

babakocsi

poussette

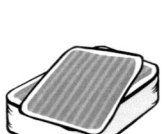

kártyapakli

jeu de cartes

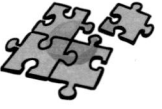

kirakós játék

puzzle

SUPER
MEGA

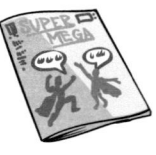

képregény

bande dessinée

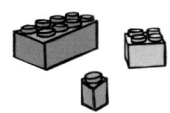

építőkockák

pièces lego

építőelem

blocs de construction

szuperhős

figurine

rugdalózó

grenouillère

frizbi

frisbee

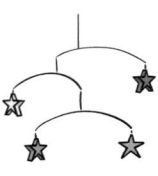

zenélő forgó

mobile

társasjáték

jeu de société

kocka

dé

modellvasút

train miniature

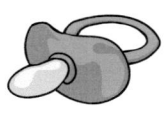

cumi

sucette

zsúr

fête

képeskönyv

livre d'images

labda

balle

baba

poupée

játszani

jouer

homokozó
bac à sable

hinta
balançoire

játékok
jouets

videójáték konzol
console de jeu

tricikli
tricycle

teddi maci
ours en peluche

ruhásszekrény
armoire

ruházat
vêtements

zokni
chaussettes

harisnya
bas

harisnyanadrág
collant

sál
écharpe

esernyő
parapluie

póló
t-shirt

öv
ceinture

csizma
bottes

papucs
pantoufles

tornacipő
baskets

szandál

cipő

gumicsizma

sandales

chaussures

bottes de caoutchouc

alsónadrág

melltartó

mellény

sous-vêtements

soutien-gorge

maillot de corps

body
body

nadrág
pantalon

farmer
jean

szoknya
jupe

blúz
chemisier

ing
chemise

pulóver
pull

kapucnis pulóver
sweat à capuche

blézer
veste

dzseki
veste

kabát
manteau

esőkabát
imperméable

kosztüm
costume

ruha
robe

esküvői ruha
robe de mariée

öltöny
costume

hálóing
chemise de nuit

pizsama
pyjama

szári
sari

fejkendő
foulard

turbán
turban

burka
burqa

kaftán
caftan

abaya
abaya

fürdőruha
maillot de bain

fürdőnadrág
maillot de bain

rövidnadrág
short

tréningruha
tenue d'entraînement

kötény
tablier

kesztyű
gants

gomb

bouton

szemüveg

lunettes

karkötő

bracelet

nyaklánc

collier

gyűrű

bague

fülbevaló

boucle d'oreille

sapka

bonnet

vállfa

cintre

kalap

chapeau

nyakkendő

cravate .

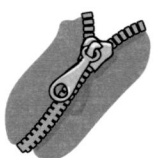

cipzár

fermeture éclair

bukósisak

casque

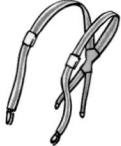

nadrágtartó

bretelles

iskolai egyenruha

uniforme scolaire

egyenruha

uniforme

előke
....
bavoir

cumi
....
sucette

pelenka
....
lange

iroda
bureau

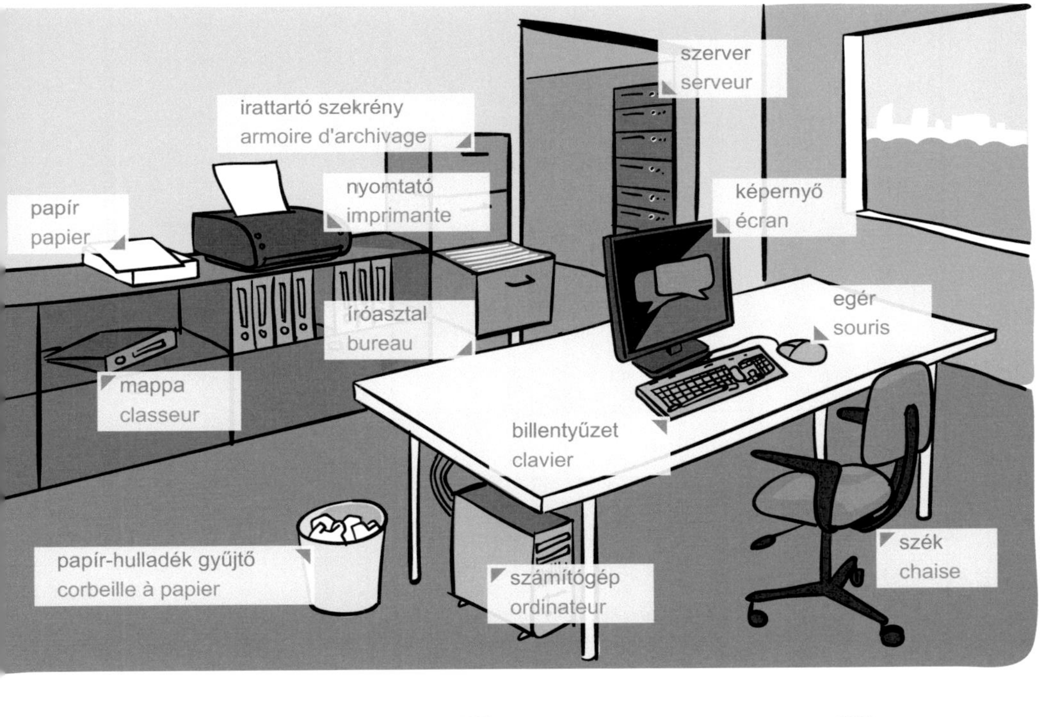

szerver
serveur

irattartó szekrény
armoire d'archivage

nyomtató
imprimante

papír
papier

képernyő
écran

íróasztal
bureau

egér
souris

mappa
classeur

billentyűzet
clavier

papír-hulladék gyűjtő
corbeille à papier

szék
chaise

számítógép
ordinateur

kávéscsésze
....
tasse de café

számológép
....
calculatrice

internet
....
internet

laptop
ordinateur portable

levél
lettre

üzenet
message

mobiltelefon
portable

hálózat
réseau

fénymásoló
photocopieuse

szoftver
logiciel

telefon
téléphone

konnektor
prise

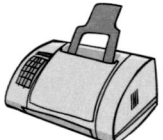

faxgép
fax

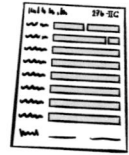

formanyomtatvány
formulaire

dokumentum
document

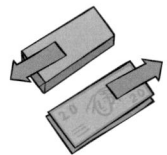

venni

acheter

fizetni

payer

kereskedni

faire du commerce

pénz

monnaie

USD

dollár

dollar

EUR

euró

euro

JPY

jen

yen

RUB

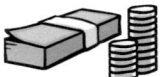

rubel

rouble

CHF

svájci frank

franc suisse

CNY

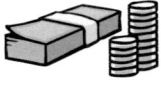

kínai jüan

renminbi yuan

INR

rúpia

roupie

bankautomata

distributeur automatique

valutaváltó iroda

bureau de change

arany

or

ezüst

argent

olaj

pétrole

energia

énergie

ár

prix

szerződés

contrat

adó

taxe

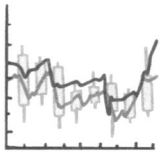

részvény

action

dolgozni

travailler

munkavállaló

employé

munkaadó

employeur

gyár

usine

üzlet

magasin

foglalkozások
professions

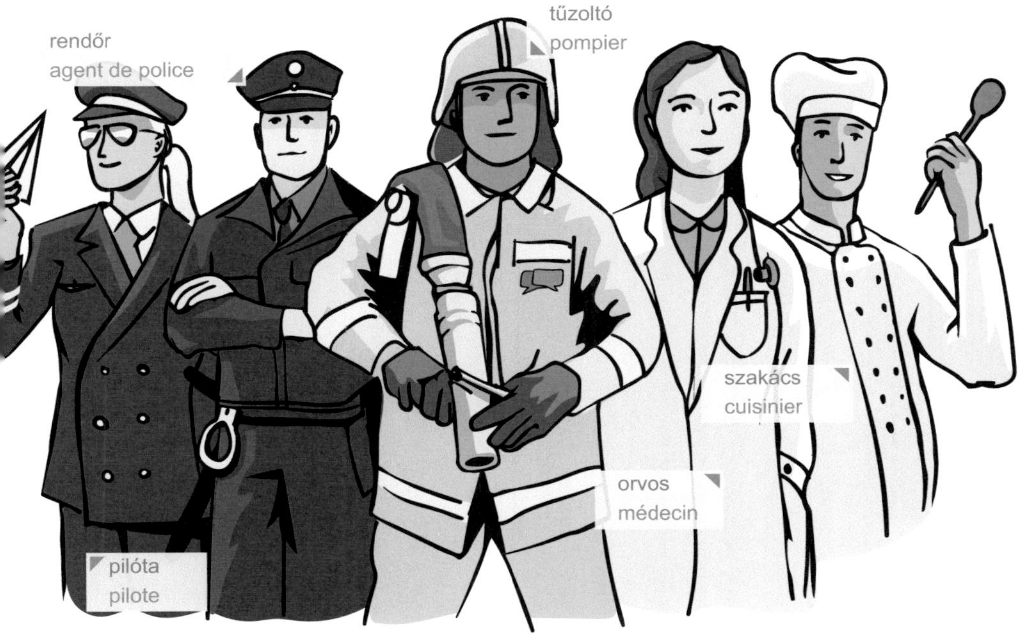

tűzoltó
pompier
rendőr
agent de police
szakács
cuisinier
orvos
médecin
pilóta
pilote

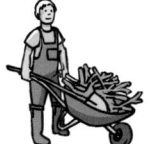

kertész

jardinier

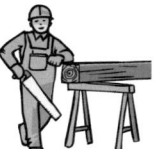

kárpitos

menuisier

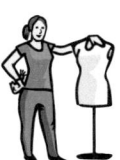

varrónő

couturière

bíró

juge

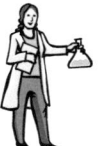

vegyész

chimiste

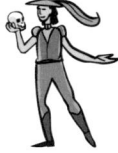

színész

acteur

buszsofőr

conducteur de bus

taxisofőr

chauffeur de taxi

halász

pêcheur

bejárónő

femme de ménage

tetőfedő

couvreur

pincér

serveur

vadász

chasseur

festő

peintre

pék

boulanger

villanyszerelő

électricien

építőmunkás

ouvrier

mérnök

ingénieur

hentes

boucher

vízvezeték-szerelő

plombier

postás

facteur

katona

soldat

építész

architecte

eladó

caissier

virágos

fleuriste

fodrász

coiffeur

kalauz

contrôleur

műszerész

mécanicien

kapitány

capitaine

fogorvos

dentiste

tudós

scientifique

rabbi

rabbin

imám

imam

szerzetes

moine

lelkész

prêtre

szerszámok
outils

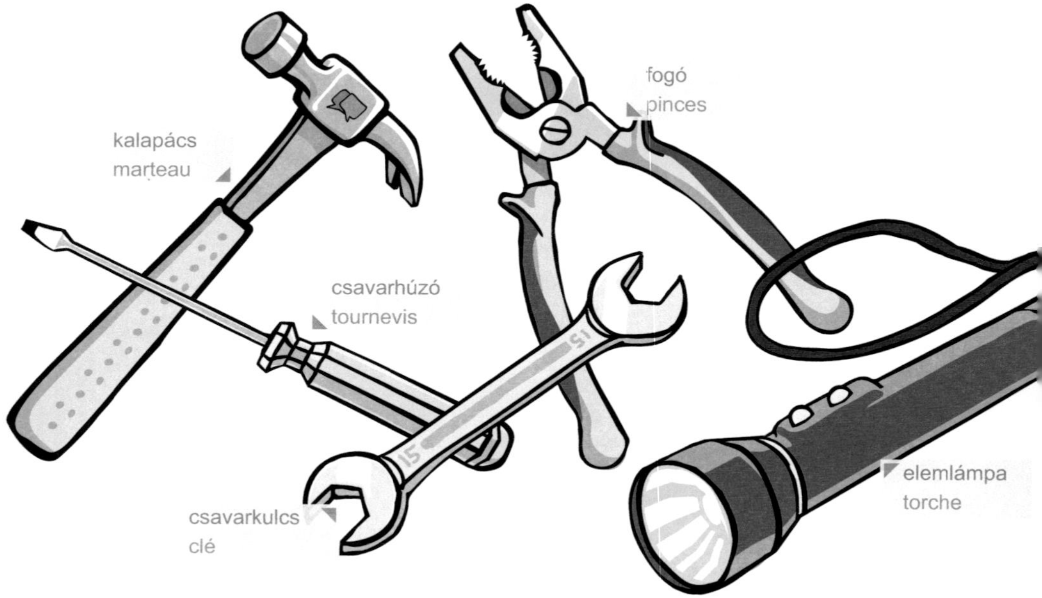
kalapács
marteau
fogó
pinces
csavarhúzó
tournevis
csavarkulcs
clé
elemlámpa
torche

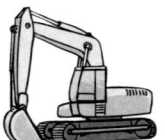

markológép

pelleteuse

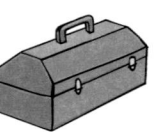

szerszámosláda

boîte à outils

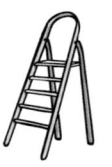

vödör

échelle

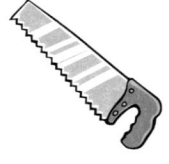

fűrész

scie

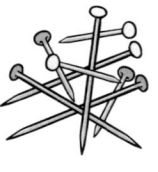

szög

clous

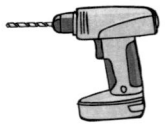

fúrógép

perceuse

megjavítani

réparer

lapát

pelle

A francba!

Mince !

szemétlapát

pelle

festékesdoboz

pot de peinture

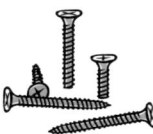

csavar

vis

hangszerek
instruments de musique

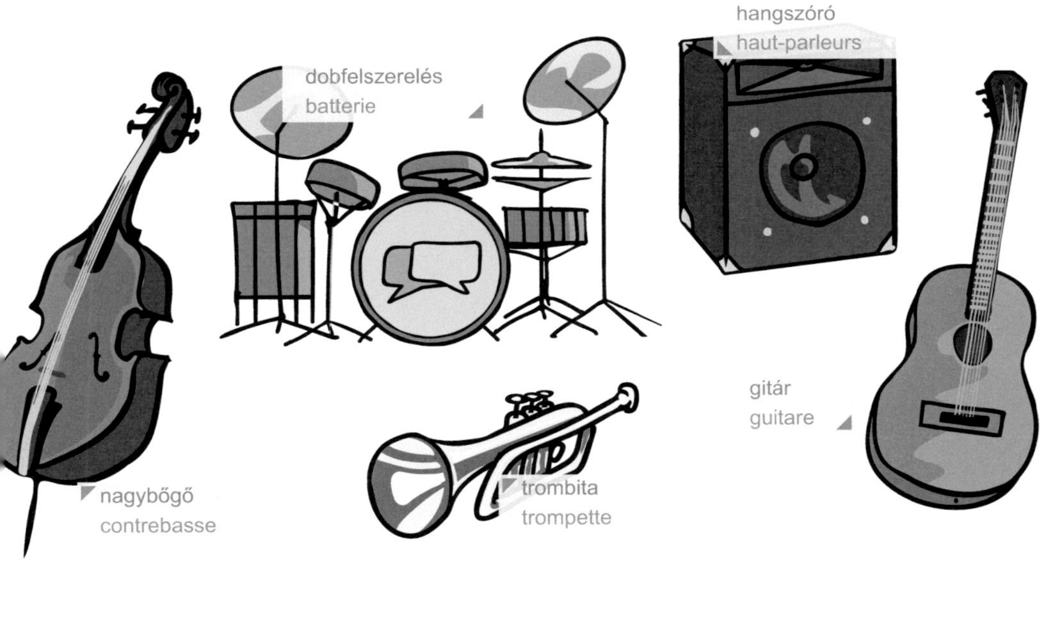

hangszóró
haut-parleurs

dobfelszerelés
batterie

gitár
guitare

nagybőgő
contrebasse

trombita
trompette

zongora

piano

hegedű

violon

basszusgitár

basse

üstdob

timbales

dobok

tambour

digitális zongora

piano électrique

szaxofon

saxophone

fuvola

flûte

mikrofon

microphone

hangszerek - instruments de musique

bejárat
entrée

tigris
tigre

kalitka
cage

zebra
zèbre

állateledel
alimentation animale

panda
panda

állatok

animaux

elefánt

éléphant

kenguru

kangourou

orrszarvú

rhinocéros

gorilla

gorille

medve

ours

teve

chameau

strucc

autruche

oroszlán

lion

majom

singe

flamingó

flamand rose

papagáj

perroquet

jegesmedve

ours polaire

pingvin

pingouin

cápa

requin

páva

paon

kígyó

serpent

krokodil

crocodile

állatgondozó

gardien de zoo

fóka

phoque

jaguár

jaguar

állatkert - zoo

póniló

poney

leopárd

léopard

víziló

hippopotame

zsiráf

girafe

sas

aigle

vaddisznó

sanglier

hal

poisson

teknős

tortue

rozmár

morse

róka

renard

gazella

gazelle

amerikai futball
american Football

kerékpározás
cyclisme

tenisz
tennis

kosárlabda
basket-ball

úszás
natation

jégkorong
hockey sur glace

boksz
boxe

futball
football

tollas
badminton

atlétika
athlétisme

kézilabda
handball

síelés
ski

lovaspóló
polo

ugrani
sauter

ölelni
embrasser

nevetni
rire

sétálni
marcher

énekelni
chanter

álmodni
rêver

dicsérni
prier

csókolni
faire la bise

írni
écrire

rajzolni
dessiner

mutatni
montrer

tolni
pousser

adni
donner

vinni
prendre

birtokolni
avoir

csinálni
faire

lenni
être

állni
être debout

futni
courir

húzni
trier

hajít
jeter

esni
tomber

hazudni
être couché

várni
attendre

vinni
porter

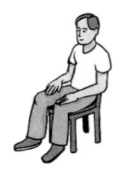

ülni
être assis

felvenni
s'habiller

aludni
dormir

felébredni
se réveiller

ránézni

regarder

sírni

pleurer

simogat

caresser

fésülni

peigner

beszélni

parler

megérteni

comprendre

kérdezni

demander

hallgatni

écouter

inni

boire

enni

manger

takarítani

ranger

szeretni

aimer

főzni

cuire

vezetni

conduire

szállni

voler

vitorlázni

faire de la voile

számol

calculer

olvasni

lire

tanulni

apprendre

dolgozni

travailler

házasodni

se marier

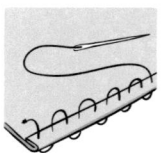

varrni

coudre

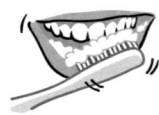

fogat mosni

brosser les dents

ölni

tuer

dohányozni

fumer

küldeni

envoyer

család

famille

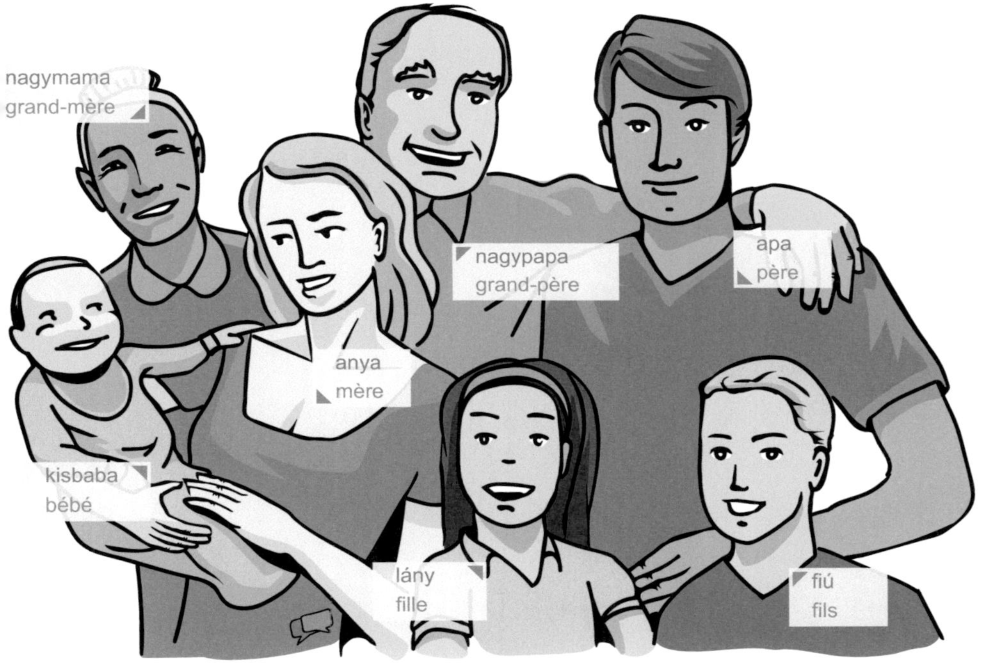
nagymama
grand-mère
nagypapa
grand-père
apa
père
anya
mère
kisbaba
bébé
lány
fille
fiú
fils

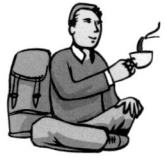

vendég

hôte

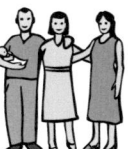

nagynéni

tante

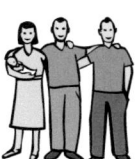

nagybácsi

oncle

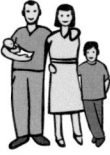

fiútestvér

frère

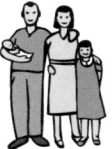

lánytestvér

sœur

test

corps

homlok
front
szem
œil
arc
visage
áll
menton
mell
poitrine
ujj
doigt
kéz
main
kar
bras
váll
épaule
láb
jambe

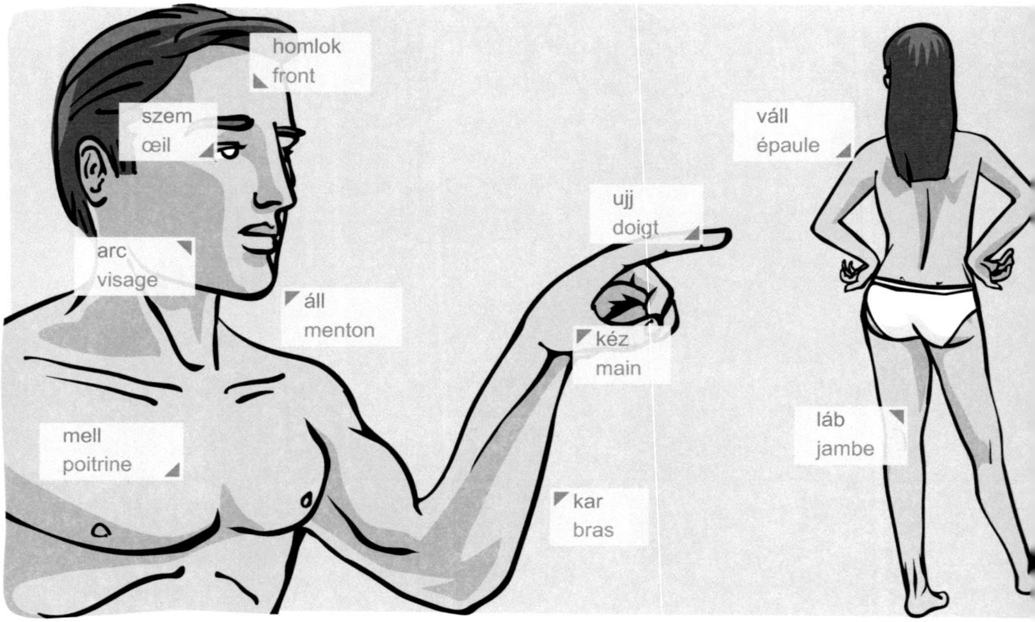

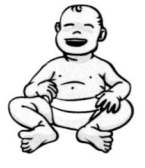

kisbaba
bébé

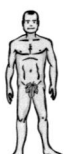

ember
homme

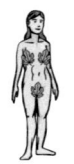

nő
femme

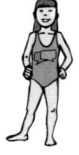

lány
fille

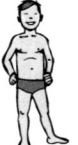

fiú
garçon

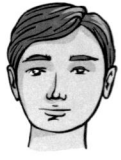

fej
tête

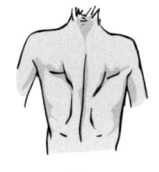

hát

dos

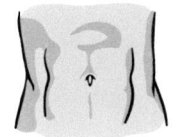

has

ventre

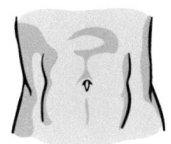

köldök

nombril

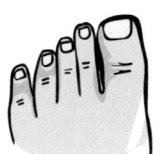

lábujj

orteil

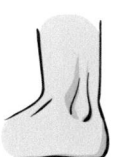

sarok

talon

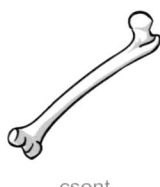

csont

os

csípő

hanche

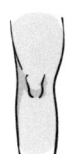

térd

genou

könyök

coude

orr

nez

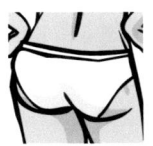

fenék

fesses

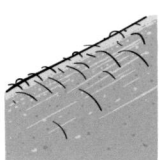

bőr

peau

orca

joue

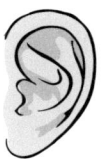

fül

oreille

ajak

lèvre

száj

bouche

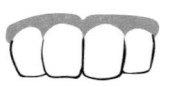

fog

dent

nyelv

langue

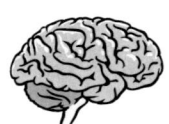

agy

cerveau

szív

cœur

izom

muscle

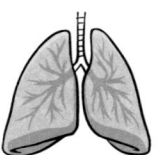

tüdő

poumons

máj

foie

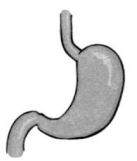

gyomor

estomac

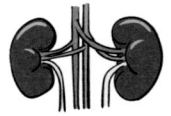

vese

reins

szex

rapport sexuel

kondom

préservatif

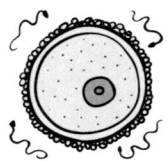

petesejt

ovule

sperma

sperme

terhesség

grossesse

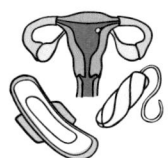

menstruáció

menstruation

vagina

vagin

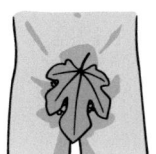

pénisz

pénis

szemöldök

sourcil

haj

cheveux

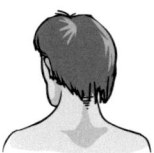

nyak

cou

kórház
hôpital

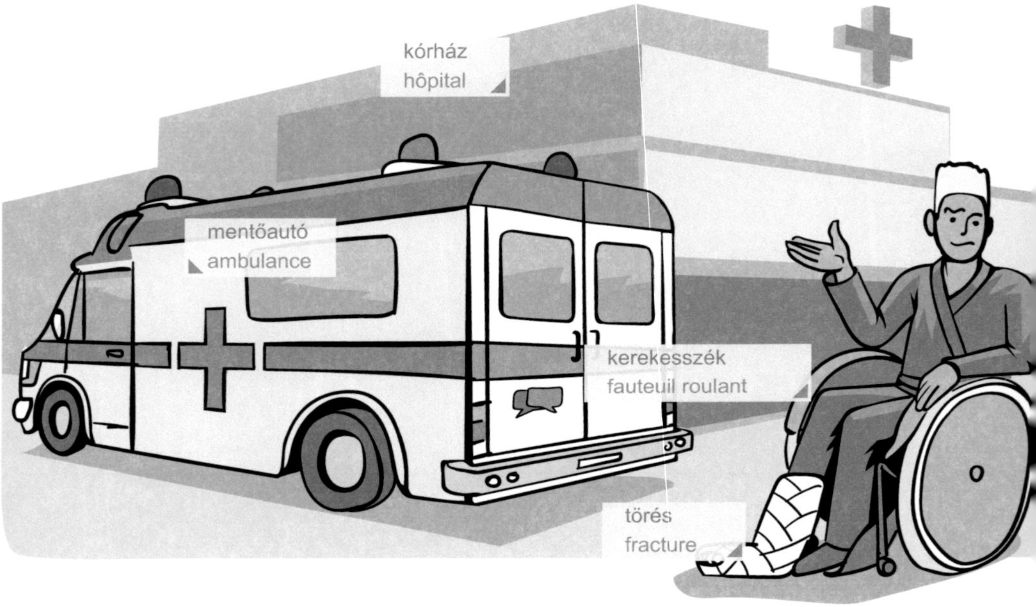

kórház
hôpital
mentőautó
ambulance
kerekesszék
fauteuil roulant
törés
fracture

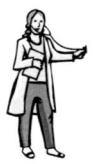

orvos

médecin

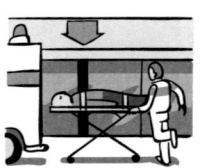

sürgősségi osztály

service des urgences

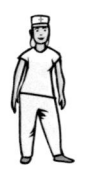

ápoló

infirmière

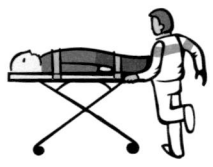

vészhelyzet

urgence

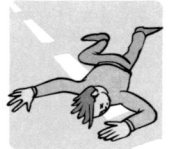

eszméletlen

inconscient

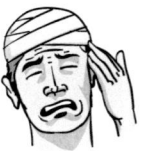

fájdalom

douleur

sérülés

blessure

vérzés

hémorragie

szívroham

crise cardiaque

szélütés

attaque cérébrale

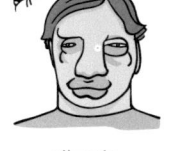

allergia

allergie

köhögés

toux

láz

fièvre

influenza

grippe

hasmenés

diarrhée

fejfájás

mal de tête

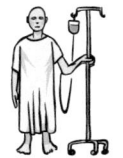

rák

cancer

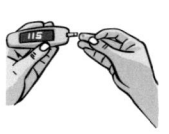

cukorbetegség

diabète

sebész

chirurgien

szike

scalpel

műtét

opération

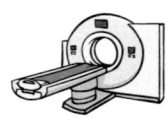

CT

CT

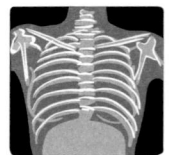

röntgen

radiographie

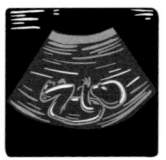

ultrahang

échographie

arcmaszk

masque

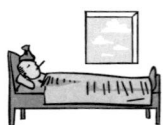

betegség

maladie

váróterem

salle d'attente

mankó

béquille

sebtapasz

pansement

kötszer

pansement

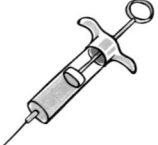

injekció

injection

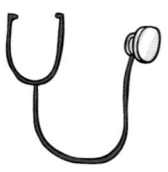

sztetoszkóp

stéthoscope

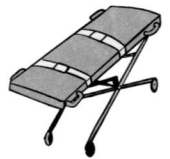

hordágy

brancard

klinikai hőmérő

thermomètre

születés

accouchement

túlsúly

surcharge pondérale

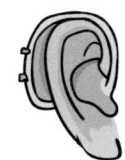

hallókészülék

appareil auditif

fertőtlenítőszer

désinfectant

fertőzés

infection

vírus

virus

HIV/AIDS

VIH / sida

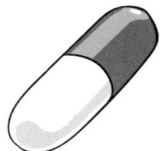

orvosság

médicament

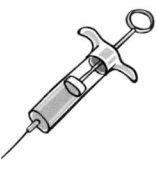

oltás

vaccination

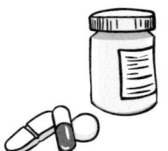

tabletták

comprimés

tabletta

pilule

sürgősségi hívás

appel d'urgence

vérnyomásmérő

tensiomètre

betegség / egészség

malade / sain

Segítség!

Au secours !

riasztás

alarme

rajtaütés

assaut

támadás

attaque

veszély

danger

vészkijárat

sortie de secours

tűz!

Au feu!

tűzoltókészülék

extincteur

baleset

accident

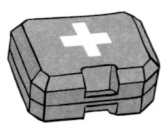

elsősegélycsomag

trousse de premier secours

SOS

SOS

rendőrség

police

Európa

Europe

Észak-Amerika

Amérique du Nord

Dél-Amerika

Amérique du Sud

Afrika

Afrique

Ázsia

Asie

Ausztrália

Australie

Atlanti-óceán

Océan atlantique

Csendes-óceán

Océan pacifique

Indiai-óceán

Océan indien

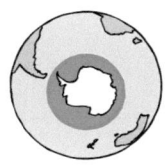

Déli-óceán

Océan antarctique

Jeges-tenger

Océan arctique

Északi-sark

pôle nord

Déli-sark

pôle sud

Antarktisz

Antarctique

föld

terre

szárazföld

pays

tenger

mer

sziget

île

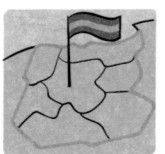

nemzet

nation

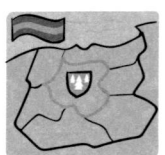

állam

état

számlap

cadran

kismutató

aiguille des heures

nagymutató

aiguille des minutes

másodpercmutató

aiguille des secondes

Mennyi az idő?

Quelle heure est-il ?

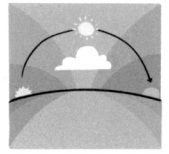

nap

jour

idő

temps

most

maintenant

digitális óra

montre digitale

perc

minute

óra

heure

hét
semaine

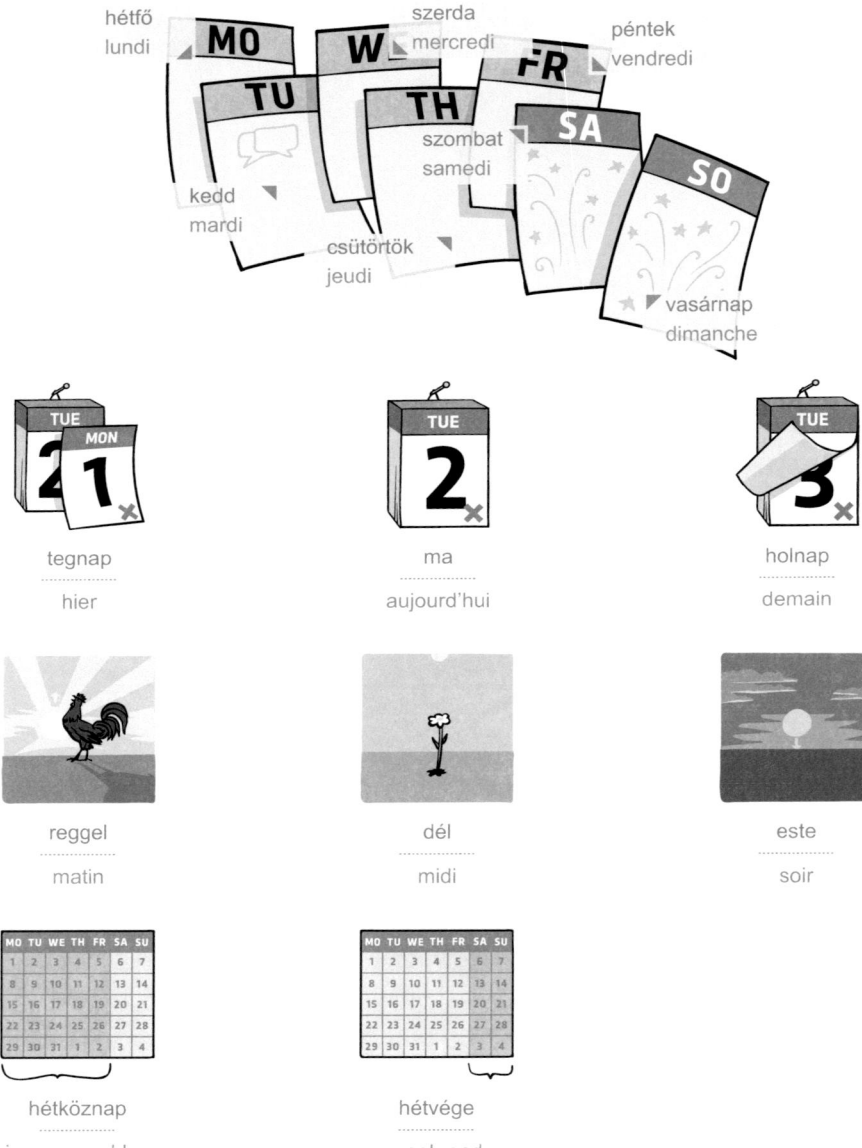

hétfő / lundi — MO
kedd / mardi — TU
szerda / mercredi — W
csütörtök / jeudi — TH
szombat / samedi — SA
péntek / vendredi — FR
vasárnap / dimanche — SO

tegnap
hier

ma
aujourd'hui

holnap
demain

reggel
matin

dél
midi

este
soir

hétköznap
jours ouvrables

hétvége
week-end

eső
▶ pluie

szivárvány
arc-en-ciel

hó
neige

szél
vent

tavasz
printemps

ősz
automne

nyár
été

tél
hiver

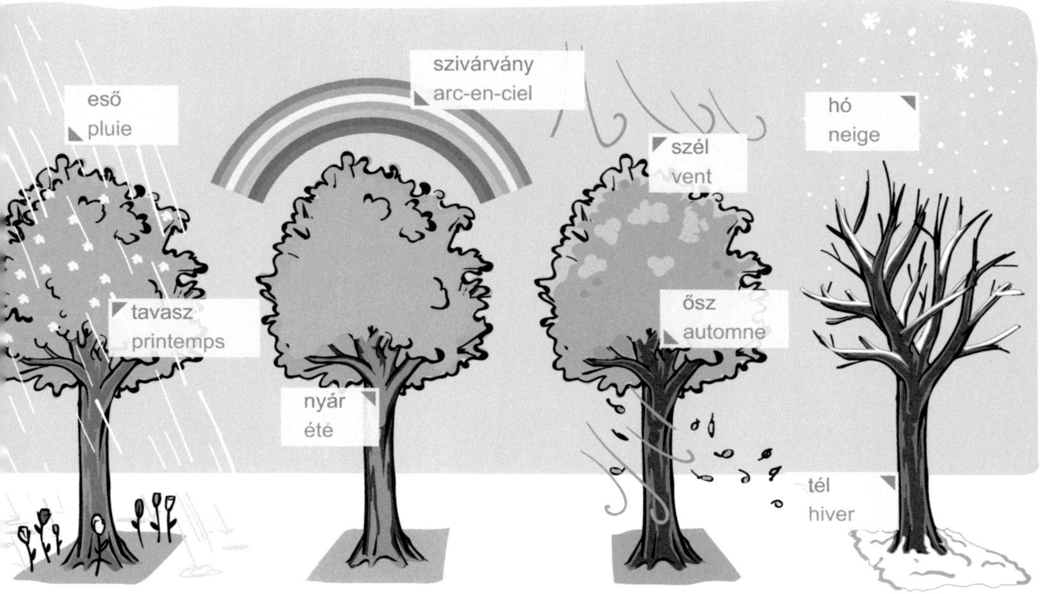

időjárás előrejelzés
météo

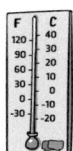

hőmérő
thermomètre

napsütés
lumière du soleil

felhő
nuage

köd
brouillard

páratartalom
humidité

villámlás

foudre

mennydörgés

tonnerre

vihar

tempête

jégeső

grêle

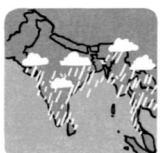

monszun

mousson

áradás

inondation

jég

glace

január

janvier

február

février

március

mars

április

avril

május

mai

június

juin

július

juillet

augusztus

août

szeptember
....
septembre

október
....
octobre

november
....
novembre

december
....
décembre

alakzatok
formes

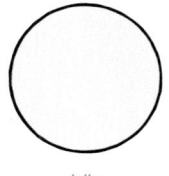

kör
....
cercle

négyzet
....
carré

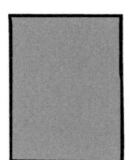

téglalap
....
rectangle

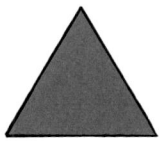

háromszög
....
triangle

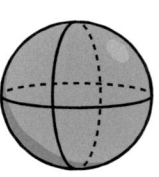

gömb
....
sphère

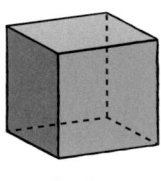

kocka
....
cube

fehér

blanc

sárga

jaune

narancs

orange

rózsaszín

rose

piros

rouge

lila

violet

kék

bleu

zöld

vert

barna

marron

szürke

gris

fekete

noir

sok / kevés

beaucoup / peu

mérges / nyugodt

fâché / calme

szép / csúnya

joli / laid

kezdet / vég

début / fin

nagy / kicsi

grand / petit

világos / sötét

clair / obscure

fivér / nővér

frère / soeur

tiszta / koszos

propre / sale

teljes / nem teljes

complet / incomplet

nappal / éjszaka

jour / nuit

halott / élő

mort / vivant

széles / keskeny

large / étroit

ehető / nem ehető

comestible / incomestible

gonosz / kedves

méchant / gentil

izgatott / unott

excité / ennuyé

kövér / vékony

gros / mince

első / utolsó

premier / dernier

barát / ellenség

ami / ennemi

teli / üres

plein / vide

kemény / puha

dur / souple

nehéz / könnyű

lourd / léger

éhség / szomjúság

faim / soif

betegség / egészség

malade / sain

illegális / legális

illégal / légal

intelligens / buta

intelligent / stupide

bal / jobb

gauche / droite

közel / távol

proche / loin

új / használt

nouveau / usé

semmi / valami

rien / quelque chose

idős / fiatal

vieux / jeune

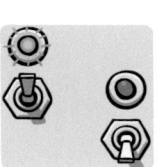

be / ki

marche / arrêt

nyitva / zárva

ouvert / fermé

csendes / hangos

faible / fort

gazdag / szegény

riche / pauvre

helyes / helytelen

correct / incorrect

érdes / sima

rugueux / lisse

szomorú / vidám

triste / heureux

rövid / hosszú

court / long

lassú / gyors

lent / rapide

nedves / száraz

mouillé / sec

meleg / hideg

chaud / froid

háború / béke

guerre / paix

számok
nombres

0

nulla

zéro

1

egy

un / une

2

kettő

deux

3

három

trois

4

négy

quatre

5

öt

cinq

6

hat

six

7

hét

sept

8

nyolc

huit

9

kilenc

neuf

10

tíz

dix

11

tizenegy

onze

12

tizenkettő

douze

13

tizenhárom

treize

14

tizennégy

quatorze

15

tizenöt

quinze

16

tizenhat

seize

17

tizenhét

dix-sept

18

tizennyolc

dix-huit

19

tizenkilenc

dix-neuf

20

húsz

vingt

100

száz

cent

1.000

ezer

mille

1.000.000

millió

million

angol

anglais

amerikai angol

anglais américain

mandarin kínai

chinois mandarin

hindi

hindi

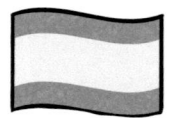

spanyol

espagnol

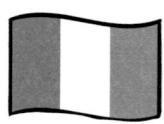

francia

français

arab

arabe

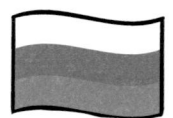

orosz

russe

portugál

portugais

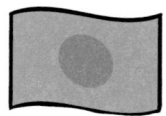

bengáli

bengali

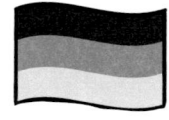

német

allemand

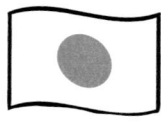

japán

japonais

én

je

te

tu

ő

il / elle / ce, c', cela

mi

nous

ti

vous

ők

ils / elles

ki?

Qui ?

mi?

Quoi ?

hogyan?

Comment ?

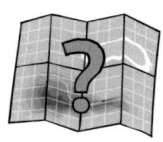

hol?

Où ?

mikor?

Quand ?

név

nom

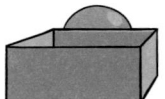

mögött

derrière

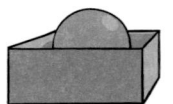

benne

dans

előtte

devant

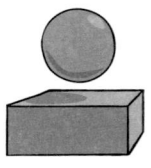

felette

au-dessus

rajta

sur

alatta

en-dessous

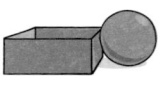

mellett

à côté de

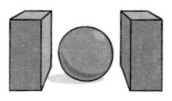

között

entre

hely

lieu